# RÉQUISITOIRE

DU

## Procureur-Général DUPIN,

DANS L'AFFAIRE

DU **CARLO-ALBERTO**.

# RÉQUISITOIRE

DU

## Procureur-Général DUPIN,

DANS L'AFFAIRE

## DU CARLO-ALBERTO,

PRONONCÉ

A L'AUDIENCE DE LA COUR DE CASSATION,

*Du 6 Septembre 1832,*

## AVEC L'ARRÊT DE LA COUR.

« Messieurs, en lisant l'arrêt de la Cour d'Aix, on est frappé tout à la fois de la gravité de l'accusation et de l'illusion des moyens de répression. Dans cet arrêt tout est en faveur de ceux qu'il appelle des conspirateurs ; ils sont accusés, mais ils seront relâchés avec une déclaration en forme de brevet, attestant qu'ils sont venus en France pour y renverser le gouvernement établi !

» Au contraire, le blâme le plus vif est déversé sur ce gouvernement ; l'arrêt l'attaque sans aucun ménage-

ment ; il le déclare , en quelque sorte , coupable de piraterie ; il le condamne à l'humiliante cérémonie de reconduire ses prisouniers en pays étranger , et l'expose
ainsi à se voir apparemment demander des réparations
par le gouvernement sarde , dont il aurait méconnu le
pavillon et violé , dit-on , la neutralité ! Messieurs , le
droit des gens , si hautement invoqué en votre présence,
recevra de vous une autre et plus loyale interprétation.
On vous a parlé de l'esclave qui aborde notre territoire;
mais ce malheureux y vient en suppliant et non pas en
ennemi ; il ne nous apporte pas l'esclavage, il vient nous
demander la liberté. Quant au conspirateur, à l'homme
pervers , au Français dénaturé qui , de dessein prémédité , vient en France pour y exciter la guerre civile au
défaut de la guerre étrangère , il ne doit rencontrer que
la justice du pays et le Code pénal. »

Après cet exorde , M. le procureur-général répond
sommairement à quelques fins de non-recevoir présen-
tées contre le pourvoi.

« Ce pourvoi, dit-il, est recevable en la forme , parce
que la déclaration a été lue aux accusés , et qu'il existe
aux pièces une mention suffisante de cette lecture ; que
d'ailleurs les accusés, en constituant un défenseur, con-
fessent suffisamment qu'ils ont été instruits du pourvoi.

» Il est recevable , au fond , 1° parce que l'arrêt at-
taqué n'est pas un simple arrêt préparatoire ou d'instruction , mais un arrêt définitif, en ce qui touche la
mise en liberté ; 2° il est tellement définitif, que s'il n'é-
tait pas réformé , il causerait un préjudice *irréparable*
à l'accusation ; il contient , en effet , plus qu'une mise
en liberté ordinaire ; car par une disposition exorbi-
tante, qui, seule et par elle-même , constituerait un ex-
cès de pouvoir , il ordonne que les accusés *seront reconduits sur le territoire sarde* ; en telle sorte , que cette
disposition une fois exécutée , l'action publique reste-
rait entièrement inefficace ; 3° on objecte en vain l'article 299 du Code d'instruction criminelle , qui limite à
trois les ouvertures contre les arrêts de mise en accusation. Cet article suppose que l'arrêt n'aura en effet prononcé que sur la mise en accusation , *par une appréciation des faits et des charges.* Mais si l'arrêt a excédé
ses limites , s'il a statué sur des demandes accessoires ,
qui présentaient des *questions de droit* , surtout si ces
questions intéressent la compétence , le pourvoi est re-

cevable. Telle est la jurisprudence de la Cour attestée notamment par un arrêt du 12 octobre 1811 ; 4°. enfin, le procureur-général d'Aix a pu ne se pourvoir que contre le chef qui lui faisait grief, et qui lui a paru violer la loi, de même que M. de Kergorlay, s'il avait cru sérieusement à sa qualité de pair, aurait pu se pourvoir contre le chef qui rejette les conclusions où il excipait de cette qualité.

» Venons donc au fond même du pourvoi.

» Cinq moyens ont été présentés par le procureur-général d'Aix. Mais, au lieu de nous assujettir à les discuter isolément dans l'ordre où ce magistrat les a présentés, il nous paraît plus à propos de traiter d'une manière générale les questions de droit qui doivent en faciliter l'appréciation.

» L'idée fondamentale de la disposition attaquée est que la capture a eu lieu contrairement au droit des gens et au droit naturel.

» Contre le droit des gens, car les prisonniers naviguaient sur un navire sarde, avec des papiers sardes, sous le pavillon d'une nation amie ; ce navire était, par fiction, une continuation du territoire sarde, il portait avec lui sa juridiction et sa souveraineté : il était inviolable.

» L'arrestation a eu lieu contre le droit naturel, puisque le navire était en *relâche forcée* pour se réparer et s'approvisionner, dans un moment où l'on ne pouvait imputer aucun acte répréhensible à ceux qui le montaient.

» D'où il suit, dit l'arrêt :

« Qu'il y a dans ces arrestations violation du droit
» des gens et atteinte aux sentimens de générosité que
» la nation française n'a cessé de professer. »

» Il en résulte encore, dit toujours l'arrêt, « que ces
» arrestations doivent être regardées comme *non ave-*
» *nues*, et les détenus qui en ont été l'objet, doivent
» être non pas seulement rendus à la liberté, mais
» ( j'appelle l'attention de la Cour sur la disposition qui
» suit : ) *être reconduits sur le territoire sarde.* »

» Du reste, la Cour, jugeant sa compétence, déclare qu'elle a pu décider ces questions, « parce qu'elle est in-
» vestie de la connaissance de tout ce qui est connexe aux
» faits par elle évoqués. »

» C'est toute cette théorie, Messieurs, avec les développemens qu'elle vient de recevoir à votre audience, qu'il faut d'abord examiner et discuter, pour séparer ce qui peut être vrai en principe général, de ce qui est erroné dans les conséquences que la Cour d'Aix s'est efforcée d'en faire résulter.

» Tout pavillon d'une nation neutre ou amie doit être respecté ; mais à condition de rester amie ou neutre, et non de se servir de fausses apparences de neutralité ou d'amitié pour nuire plus à l'aise et avec impunité.

» Ainsi personne ne contestera que la piraterie peut être réprimée quel que soit le pavillon à l'ombre duquel elle s'exerce.

» Il en est de même de la contrebande, soit qu'il s'agisse de marchandises et objets de commerce, ou de la contrebande de guerre, en vivres, munitions ou soldats.

» Le même droit de répression ( car c'est le droit de défense naturelle ) existera au profit de toute nation chez laquelle un navire, sous quelque pavillon que ce soit, porterait des renforts à la guerre civile, ramènerait des bannis, chercherait à introduire des conspirateurs destinés à porter le trouble et la dévastation dans son sein.

» Dans tous ces cas et autres semblables, n'est-ce pas, en effet, une dérision d'alléguer que le navire portait un pavillon neutre ou ami ? Ami de qui, s'il vous plaît ? Est-ce ami de la France ou ami des ennemis de la France ?

» Il en faut dire autant des papiers ; s'il sont sincères et sans altération, les passeports d'une puissance amie sont une recommandation qui appelle aide et protection. Mais s'ils sont mensongers, si le rôle d'équipage ne présente que de faux noms et de fausses qualités, la protection instituée en faveur de la vérité ne pourra pas être invoquée à l'appui du mensonge et de la déception.

» Il n'est donc pas vrai de dire absolument et indistinctement que tout navire portant pavillon neutre ou ami est inviolable, et que ce pavillon couvre tout. Oui, il sera inviolable, s'il reste dans les conditions du droit des gens ; non, s'il les a violées ou méconnues ; car, en droit, ce qui n'est accordé que sous une condition, est refusé sous la condition contraire.

» Venons maintenant à l'examen de cette fiction, qui fait considérer les vaisseaux d'une puissance, comme une prorogation de son territoire.

» Là encore, nous serons forcés de dire que cette belle fiction produit son effet dans certains cas, à certains égards ; mais qu'elle cesse quand elle ne pourrait prévaloir qu'aux dépens de la vérité.

» Un vaisseau qui navigue en pleine mer, patrimoine commun de toutes les nations ( car nous ne disons pas avec l'Anglais Selden, *mare clausum*, mais nous dirons avec les autres publicistes, *mare liberum* ); ce vaisseau qui vogue à pleines voiles, emporte avec lui sur l'Océan une souveraineté ambulatoire, momentanée, fugitive comme son passage, incontestable toutefois. Un vaisseau, dans cette situation, a même une sorte de territoire autour de lui ; une atmosphère propre, qui a pour mesure la portée de ses canons. Cela est si vrai, que si un navire poursuivi par un autre, se réfugie dans ce rayon, il sera à l'abri des poursuites de l'agresseur, comme s'il était dans une rade ou dans un port neutre.

» Mais quand ce même vaisseau que nous venons de considérer en pleine mer, comme s'il était à lui seul toute la nation à laquelle il appartient, quand ce même vaisseau aborde un port, une rade, une côte, ou remonte un fleuve d'un autre État, il ne conserve plus la même indépendance, et ne peut plus affecter la même prétention à la souveraineté. Ce qui lui en reste sera modifié par la souveraineté réelle de la terre et de ses dépendances reconnues. Il sera à son tour, et par rapport au souverain de cette terre, comme le vaisseau refugié, à l'abri de ceux qui le poursuivent, mais soumis à l'examen de qui le reçoit ; en un mot, il n'est plus chez lui, il est chez les autres.

» Dans cette situation, et s'il est, par exemple, dans une rade ou un port de France il sera, comme tous les étrangers, obligé de se conformer aux *lois de police et de sûreté*. (Cod. civ. art. 3.)

» Ainsi, il devra obéir aux semonces qui lui seraient faites, à peine d'y être contraint par la force ; montrer ses passeports ; satisfaire aux exigences des douanes ; se prêter à toutes les précautions établies contre la fraude et la contrebande ; observer les réglemens sanitaires, et surtout s'abstenir de tout acte faisant préjudice ou emportant hostilité. Autrement, et s'il se commet de sa part ou de quelqu'un des hommes de son bord quelque atteinte contre les personnes, les propriétés, et surtout contre la sûreté de l'État qui lui donne l'hospitalité, il sera sujet à répression , sans pouvoir alléguer son extranéité.

» Par exemple, si des matelots étrangers commettent des délits contre des Français ou leurs propriétés, ils seront saisis, arrêtés et jugés par les Tribunaux français ; et selon les lois françaises. À plus forte raison , s'il se commet un attentat quelconque contre la sûreté de l'Etat Français, les Tribunaux de France seront compétens pour en connaître.

» Cette vérité certaine en elle-même , car elle est du droit des gens, et dérive du droit de défense naturelle , est encore écrite dans notre législation. Un avis du Conseil-d'Etat du 20 novembre 1806, la rappelle en ces termes : « Un vaisseau neutre, y est-il dit , ne peut indéfi-
» niment être considéré comme un lieu neutre; et la
» protection qui lui est accordée dans les ports français
» *ne saurait dessaisir la juridiction territoriale pour tout*
» *ce qui touche aux intérêts de l'Etat.* »

» Ainsi, tout ce qu'on a dit en faveur du *Carlo-Alberto*, de son pavillon, de son extra-nationalité, sera vrai s'il est resté dans la stricte observation des règles du droit des gens; s'il n'a pas contrevenu à nos lois, et manqué aux devoirs de la neutralité; mais s'il y a contrevenu, les mêmes règles se rétorqueront contre lui, et serviront à le condamner.

» Ceci expliqué, venons aux faits et à l'application.

» Je dis venons aux faits, et je n'entends point parler de faits péniblement recherchés et contestables; mais de faits constans, reconnus et proclamés tels par l'arrêt même de la Cour d'Aix. Ici la première partie de cet arrêt va faire le procès à la seconde.

« Attendu, dit la Cour d'Aix, que des pièces et de l'instruction de la procédure , il résulte des indices suffisans qu'un complot a été formé dans le but, soit de détruire, soit de changer le gouvernement ou l'ordre de successibilité au trône, soit d'exciter la guerre civile, en armant ou portant les citoyens ou habitans à s'armer les uns contre les autres;

» Que la résolution d'agir a été concertée et arrêtée entre plusieurs personnes, dont les unes étaient en France, principalement à Marseille, les autres en Italie, où elles étaient en rapport direct avec la duchesse de Berri , qui habitait alors les états du duc de Modène ;

» Que ce complot a reçu, de la part de ceux qui y participaient en Italie, un commencement d'exécution, en ce que ayant nolisé à Livourne le bateau à vapeur, *le Carlo-Alberto,* pour la prétendue destination de Barcelone, et étant partis de ladite ville de Livourne le 24 avril dernier au soir, ils ont embarqué clandestinement dans la nuit suivante, sur la plage de Via-Reggio, la duchesse de Berri, qu'ils avaient fait inscrire à Livourne sur les papiers de l'expédition, sous la fausse dénomination de femme de chambre d'une de ses anciennes demoiselles d'atours, Mathilde Lebeschu, qui avait pris elle-même le faux nom de Rose Stagliano, veuve Ferrari ; les autres personnages embarqués au nombre de douze, soit à Livourne, soit sur la plage de Via-Reggio, ayant aussi caché leur nom véritable, soit sous des noms supposés, soit sous la fausse dénomination de domestiques ou gens de suite, le moindre de ces déguisemens ayant été celui du vicomte de Saint-Priest, qui avait remplacé son nom par le titre de duc d'Almazan, attaché à la grandesse d'Espagne ;

» Après quoi ils ont débarqué aussi clandestinement dans la nuit du 28 au 29 du mois d'avril, ladite duchesse de Berri, avec six personnes de sa suite, sur la côte occidentale de Marseille, à l'aide d'un bateau pêcheur, qui guettait le passage du *Carlo-Alberto* ;

» Que tandis que ces choses se passaient à bord du *Carlo-Alberto*, la duchesse de Berri a laissé pour trace de sa présence son testament et plusieurs pièces de vermeil à ses armes ;

» Ceux des individus participant au complot, qui étaient à Marseille, répandaient dans cette ville la nouvelle de l'arrivée et du débarquement prochain de la duchesse de Berri, se faisant de cette annonce anticipée un de leurs principaux moyens de succès et de séduction envers les citoyens pour les engager à se réunir sous l'étendard de l'insurrection ;

» Que cet étendard fut en effet arboré le 30 avril à sept heures du matin sur le clocher de l'église Saint-Laurent, tandis que l'on abattait le drapeau national sur un autre édifice public voisin de Saint-Laurent ;

» Que, dans le même moment, plusieurs attroupemens ayant en tête le drapeau blanc, parcouraient les rues aux cris de *vive Henri V ! vive le drapeau blanc !*

» Que l'un de ces attroupemens ajouta aux cris ci-dessus ceux de *vive la ligne !* en s'approchant d'un poste militaire établi sur la place du Palais-de-Justice ;

» Que ces moyens de séduction ayant échoué, quelques-uns des plus déterminés engagèrent une lutte avec le commandant du poste, par suite de laquelle trois d'entre eux ont été arrêtés. »

» Arrêtons-nous sur les termes de cet arrêt. Les prisonniers du *Carlo-Alberto* ne sont pas seulement accusés d'avoir nourri contre la France des intentions criminelles qui seraient restées sans effet; l'arrêt constate à la fois la préméditation qui a présidé aux préparatifs, et l'exécution qui s'en est suivie. Il y a eu complot, concert des conjurés venus d'Italie avec les conjurés de l'intérieur de la France; le nolisement du navire a eu lieu en vue de venir se réunir à eux; lé pavillon sarde n'a été que pour leurrer la marine française, et les faux papiers de l'équipage pour tromper la surveillance des agens français.

» Ce bâtiment a fait fausse route, il n'a pas été à Barcelone; il s'est mis, de son plein gré, en contact avec les côtes de France, de nuit, en contravention aux lois sanitaires et aux réglemens sur la police des ports.

» Il a violé nos lois et commis un attentat à la sûreté de l'Etat, en versant sur le territoire français la duchesse de Berri. C'est là un acte de contrebande dans toute l'étendue du mot, car le nom italien *bando*, dans sa signification propre, signifie cri public, proclamation, défense, interdiction; comme le mot *bannum* du moyen âge, et le mot *bannir* qui emporte défense de rompre son *ban*, c'est-à-dire d'enfreindre la défense de rentrer sur le territoire dont on a été banni. Or, une loi expresse, une loi que assurément on n'accusera pas de trop de rigueur, avait prononcé ce bannissement; c'est donc en contravention au texte formel d'une de nos lois, que le *Carlo-Alberto* a ramené chez nous la duchesse de Berri. Si la contrebande, lors même qu'elle n'a pour effet que de léser les intérêts du Trésor, est une cause légitime de capture de ceux qui s'y livrent, qui niera que, dans cette circonstance, le droit de la France de saisir les conspirateurs du *Carlo* n'ait été encore plus évident? Car avec la duchesse de Berri, ils savaient qu'ils amenaient un moyen de troubler la France et d'y attiser le feu de la sédition; avec elle se sont répandues ces proclamations où l'on déclame contre la *centralisation*, funeste en effet aux artisans de troubles, puisqu'avec des ordres parvenus en peu d'heures du centre de l'empire à l'une de ses extrémités les plus éloignées, on est parvenu à arrêter les progrès du mal, et à déjouer le complot.

» On y parle *d'affranchir les communes*, comme si elles avaient encore besoin de la main de Louis-le-Gros; de *l'émancipation départementale*, à l'aide de ces assemblées provinciales dont on a fait jadis un si heureux essai. *L'instruction publique* sera libre, à peu de restrictions près; enfin on retranchera beaucoup d'impôts, notamment *l'impôt sur le sel*; car apparemment, si Henri V revient, il gouvernera sans argent !

» Voilà ce que le *Carlo-Alberto* recélait dans ses flancs; voilà ce qu'il a vomi sur la terre de France; et cependant la duchesse de Berri s'est rendue dans la Vendée avec six de ses compagnons de voyage, parmi lesquels sont des militaires destinés à devenir les chefs de l'insurrection; et depuis ce temps, le sang français n'a pas cessé de couler ! Fatale destinée d'une famille qui s'obstine à régner sur la France, et qui ne peut jamais nous apparaître qu'au milieu de la guerre civile ou à la suite de l'étranger !

» Maintenant, et en présence de ces faits, qu'on vienne nous parler du *Carlo-Alberto* comme d'un bâtiment neutre ou ami ! Certes, nous ne prétendons pas que le gouvernement français ait le droit d'aller chercher sur un territoire étranger ceux qui conspirent contre lui. Que la duchesse de Berri conspire, si elle le veut, à Holyrood ou ailleurs; qu'elle corresponde en France avec des hommes assez dupes pour rêver une troisième ou quatrième restauration, à l'aide d'une troisième ou quatrième invasion étrangère. Le gouvernement français n'ira pas demander son extradition ni celle de ses adhérens, comme l'a fait la restauration. Mais si la conspiration est réalisée, si la duchesse de Berri et ses complices se présentent sur les côtes de France en vue d'y exciter un soulèvement et de donner la main aux factieux de l'intérieur, le devoir du gouvernement est de déjouer ces trames criminelles, et de saisir ceux qui se trouvent ainsi en flagrant délit. Qui, en effet, osera soutenir encore qu'en les arrêtant sur notre propre territoire, on a violé à leur égard le droit des gens ?

» Mais ici se présente la grande excuse alléguée par la Cour d'Aix, et à laquelle la défense vient de donner des développemens si étendus. Au moment de la capture des prisonniers, *le Carlo-Alberto* était en *relâche forcée* : c'est le malheur qui les a livrés ! et à cette occasion on compare tristement leur sort à celui du savant Dolomieu et des naufragés de Calais.

» Cette nouvelle question dépend beaucoup de la première. En effet, si *le Carlo-Alberto* était un navire ami, s'il a observé envers nous les devoirs de la neutralité et les règles du droit des gens, que la relâche ait été forcée

ou non , il avait droit à toute la protection de l'hospitalité; mais s'il s'est conduit en ennemi , s'il a été hos-
tile à la France , s'il a violé , à notre égard , ce droit
sacré qu'il invoque , sera-t-il vrai de dire qu"on n'a pas
dû arrêter les malfaiteurs qu'il avait amenés jusque chez
nous ?

» On parle d'exemples chevaleresques , d'un gouverneur de la Havane , qui , maître d'un vaisseau anglais
que lui avait livré la tempête , refusa de s'en emparer ,
lui fournit des secours , et remit à un autre temps le soin
de le combattre ! Magistrats , vous devez vous décider ,
non par les exemples de la chevalerie , mais par les lois.
Or , l'auteur même qui rapporte le trait qu'on a cité
( Répertoire, au mot *Prise maritime*, § 4 ), convient
que notre droit est contraire ; et en effet , des lois po-
sitives , celles-là précisément que vous êtes chargés d'ap-
pliquer , déclarent de bonne prise tout navire ennemi ,
même échoué ou naufragé. C'est la disposition formelle
de l'arrêté du 6 germinal an VIII, articles 19 et 20, con-
forme en ce point au réglement du 26 juillet 1778 ;
art. 14 , et à l'ordonnance de la marine de 1681.

» D'ailleurs la chevalerie même, si elle défend de tuer
un ennemi désarmé, n'a jamais défendu de garder son
épée et de le faire prisonnier ; et je suis persuadé que si
le gouverneur de la Havane , au lieu de trouver dans le
capitaine du vaisseau anglais un loyal ennemi , y eût
trouvé un pirate, un contrebandier ou un conspirateur,
il l'eût fait pendre sans difficulté.

» Venons donc au fait, et examinons s'il y a réelle-
ment eu ce qu'on entend par naufrage ou relâche forcée,
et si le navire, en raison des actes dont son équipage s'é-
tait rendu coupable, n'était point dans le cas de l'arrestation.

» Il n'y a pas eu *relâche forcée* dans le sens qui serait
nécessaire pour appeler malheur cette relâche. La relâche forcée est innocente quand un navire suivant sa route , une route inoffensive et non suspecte , est retardé
par un accident qui le force à aller implorer du secours
là où il n'avait pas dessein d'aller. (Arrêt du 2 floréal
an VII.)

» Dans ce cas, le navire gardant sa neutralité, ne s'é-
tant permis aucun acte offensif, il n'y aurait pas de motif pour le retenir. Ainsi, supposons que M<sup>me</sup> la duchesse
de Berri allant à Naples ou à Constantinople, évidem-

ment de bonne foi, et sans dessein d'aborder en France,
ait été jetée sur nos côtes par une tempête; abordant
ainsi, malgré elle, par force majeure, sans mauvais dessein, il n'est pas un Français qui ne se fût écrié sur nos
rivages : « Elle est naufragée, elle n'est pas criminelle;
» il faut lui procurer les moyens de se rembarquer. »

» Mais ici ce n'est pas *malgré lui* que le *Carlo-Alberto* est venu sur les côtes de France. S'il avait voulu
aller à sa destination supposée, à Barcelone, il avait assez de combustible à bord. Il n'y a de Barcelone à Marseille que 75 lieues, et le Sphynx a fait ce trajet en 26
heures; mais le *Carlo-Alberto* a voulu venir à Marseille,
il a employé son temps à chercher des moyens d'effectuer
ses lâches desseins, de se mettre en contact avec les conspirateurs de Marseille, qui étaient prévenus de son arrivée, qui l'attendaient, qui ont communiqué avec lui.
Il était pourchassé par le *Sphynx*, bâtiment français, qui
avait *ordre de s'attacher à lui comme un corps à son
ombre*. Sa relâche a été forcée, mais forcée à l'occasion
de son délit, par suite du temps qu'il avait employé à le
commettre; il est resté à la Ciotat par l'impossibilité de
s'évader; il n'a pas pu s'éloigner de nos côtes; mais il
n'y a pas été amené par la tempête; il y était venu de
son plein gré. Il était dans le cas du contrebandier sur-
pris par des douaniers, et qui prétend être échoué par
accident, quand il est prouvé que c'est par fraude; or
jamais cette excuse n'a été admise par nos Tribunaux.
(Décret du 3o novembre 1811, par appel d'une décision
du conseil des prises. )

» Ainsi la relâche forcée a été la suite du délit; et
par conséquent elle ne peut invalider la capture des dé-
linquans. On peut dire qu'ils étaient en flagrant délit.
En effet, d'après l'article 41 du Code d'instruction criminelle, « le délit qui se commet actuellement, ou *qui*
» *vient de se commettre*, est un flagrant délit. Seront
» aussi réputés flagrant délit, le cas où le prévenu est
» poursuivi par la clameur publique, et celui où le prévenu
» est trouvé saisi d'effets, armes, instrumens, ou papiers
» faisant présumer qu'il est auteur ou complice, *pourvu*
» *que ce soit dans un temps voisin du délit.* » Or, toutes
ces circonstances se trouvaient réunies contre le *Carlo-
Alberto*. Il y avait, vous a-t-on dit, trois jours que le
débarquement était opéré, l'arrestation en ce cas n'était
plus la défense naturelle, qui doit être contemporaine

du fait; c'est de la poursuite, c'est de la vengeance à froid.

»Eh ! quoi, selon vous, si les conspirateurs eussent incendié le port de Marseille (et je n'en parle que parce que la défense a fait cette supposition), on n'aurait donc pu arrêter le *Carlo Alberto* qu'à la lueur des flammes, et le lendemain il eût été trop tard, parce que le feu eût été éteint, et qu'il n'y aurait eu que des cendres! Cette logique est trop commode pour le crime : ce n'est point celle de la loi.

» Mais pour forcer la démonstration, et pour réfuter surabondamment ce motif de l'arrêt, que l'arrestation a eu lieu dans un moment où l'on ne pouvait imputer aucun acte répréhensible aux accusés, rappelons que, même en cet état de prétendue relâche forcée, à la Ciotat, le 3 mai, deux des passagers du *Carlo-Alberto* ont encore pris terre, et se sont échappés sur le territoire français.

» Enfin comment peut-on soutenir que l'action du délit ne se continuait pas quand la fermentation excitée par le bruit du débarquement de la duchesse existait encore à Marseille et sur toute la côte, et n'avait pas cessé d'y produire la plus vive émotion?

» Et c'est dans ces circonstances qu'on ose invoquer l'exemple de Dolomieu et des naufragés de Calais!

» Dolomieu jeté dans le golfe de Tarente par la tempête, n'avait médité aucune attaque contre le royaume de Naples. Des chevaliers de Malte, en ce moment infidèles à leur titre, conseillaient de le retenir parce qu'il avait contribué à la prise de leur île; mais évidemment ce vieux grief, mal fondé d'ailleurs, ne donnait à la cour de Naples aucun droit contre lui; il ne tombait pas sous sa juridiction.

» L'exemple des naufragés de Calais est encore plus mal choisi. Les naufragés de Calais ne venaient point attaquer la France; loin de là, en s'enrôlant au service de l'Angleterre pour les grandes Indes, ils avaient formellement stipulé qu'on ne les employerait jamais contre la France. Jetés sur nos côtes par une horrible tempête, le peuple de nos rivages avait raison de leur crier : « Soyez tranquilles, on ne vous fera rien, *vous êtes des » naufragés !* » Et en effet, par quelle barbarie d'interprétation pouvait-on appeler *émigrés rentrés*, des hommes qui ne revenaient pas par un effet de leur volonté,

mais que la force majeure la plus irrésistible y rame-
nait contre leur gré ! L'injustice à leur égard était non
pas de les garder, car l'Angleterre, alors en guerre avec
nous, reconnaissait qu'on avait pu les faire prisonniers
de guerre, et ne les réclamait qu'à ce titre en offrant un
cartel ; mais il était indigne et cruel de vouloir les répu-
ter criminels quand ils n'étaient que malheureux !

» La Cour de cassation s'honora à cette époque en
proclamant par deux fois que les naufragés de Calais
n'étaient point dans le cas de l'application de la loi. Si les
passagers du *Carlo-Alberto* étaient dans la même situation, je me ferais honneur d'invoquer en leur faveur les
mêmes principes! Le gouvernement ne vous demande pas
des services, il ne vous demande que des arrêts, des arrêts conformes à la loi, car c'est uniquement avec la loi
qu'il veut sévir contre ses ennemis. Mais, en présence
des faits proclamés constans par l'arrêt d'Aix, peut-on
dire pour les passagers du *Carlo-Alberto*, qu'en eux
c'est le malheur qu'on poursuit, et non le crime! Ce
n'est pas la tempête qui les a jetés sur la côte de France,
ce sont eux au contraire, qui, de dessein prémédité, sont
venus apporter en France un aliment à la guerre civile.
Les naufragés de Calais seraient les premiers à repousser
l'injurieuse analogie qu'on veut établir entre eux et des
conspirateurs indignes du nom français. Concluons donc
de toute cette discussion, que l'arrestation des passagers du *Carlo* n'a point eu lieu au mépris du droit des
gens ; et qu'en jugeant le contraire, en déclarant leur arrestation comme non-avenue, en ordonnant leur mise
en liberté, en prescrivant de les reconduire sur le territoire sarde, la Cour d'Aix a violé tous les principes
dont les accusés prétendent qu'elle leur a fait une juste
application.

» Sous un autre point de vue, on peut se demander
encore si la Cour d'Aix était compétente pour juger,
comme elle l'a fait, par application du droit des gens,
et par des motifs empruntés au *Code des prises?*

» Sous ce point de vue, en effet, on pourrait dire que
ces sortes de questions ne sont pas de la compétence des
Tribunaux ordinaires. A la vérité, le juge de l'action est
aussi juge de l'exception ; mais à condition que l'exception, par sa nature, ne sera pas dévolue à d'autres juges.

» Ainsi, dans un procès civil, si l'on excipe d'un acte
administratif, on renverra au Conseil-d'Etat pour l'in-

terpréter; en matière correctionnelle, si la propriété de l'objet volé est controversée, on renverra le jugement de cette question aux Tribunaux civils; de même dans une accusation de bigamie, si la nullité du premier mariage est contestée. Dans tous ces cas, l'exception constitue une *question préjudicielle*, dont le jugement est confié à d'autres juges que ceux saisis de l'action principale.

» Si donc, dans notre espèce, la question à juger était une question de *prise maritime*, ce n'était pas à la Cour d'Aix à en connaître; mais au Conseil-d'Etat. La Cour d'Aix, en déclarant la prise invalide, aurait jugé une question qui ne lui était pas dévolue; elle aurait été incompétente, et sous ce rapport son arrêt devrait encore être cassé.

» Mais n'est-il pas plus vrai de dire, quelle que soit la généralité des motifs, qu'elle n'a pas jugé une question de prise maritime, et qu'elle a laissé cette question entière, en maintenant seulement les saisies : qu'elle n'a examiné la question de capture des passagers du *Carlo* que relativement à leur qualité d'accusés prévenus d'un crime, et qu'ainsi elle avait toute compétence pour juger du mérite de leur arrestation.

» Je le crois ainsi, Messieurs; je pense que des juges, à qui l'on donne un prisonnier à juger, ne doivent point l'accepter sans s'assurer qu'il a été mis légalement sous la main de justice. Les juges du duc d'Enghien se fussent grandement honorés, s'ils avaient proclamé le vice de son arrestation, pratiquée sur un territoire étranger, la nuit, avec armes et cependant en pleine paix !

» Les juges d'Aix auront donc pu juger la question d'arrestation : mais alors la première partie de notre discussion reste entière, et l'arrêt n'en aura pas moins encouru la cassation, par la fausse interprétation qu'il a donnée aux principes de la matière.

» C'est à ce moyen, Messieurs, que je veux réduire, en ce qui me concerne, le développement des moyens de cassation. Je laisse les autres tels qu'ils sont présentés par M. le procureur-général d'Aix, à votre appréciation.

» C'est avec confiance, Messieurs, que j'insiste devant vous pour la cassation de cet arrêt. S il pouvait subsister, il y aurait perturbation dans l'Etat. Au-delà du fait de mise en liberté des prévenus, et d'impunité du crime, il y aurait injure permanente envers le gouvernement, dont la conduite est si injustement et si durement qualifiée par l'arrêt. Il en résulterait ainsi un danger réel pour la France. S'il était possible que la doctrine de la Cour d'Aix fût consacrée, les partisans de la branche aînée pourraient impunément ourdir toutes sortes de conspirations. Il leur suffirait d'entretenir sur les côtes de la Vendée quelques bâtimens sous pavillon neutre, qui vomiraient sans cesse sur notre territoire des émissaires, des armes et des munitions. Les auteurs de ces complots seraient à l'abri de tout moyen de répression, comme ils le seraient sur un territoire étranger, et il serait facile, au besoin, de simuler un cas de relâche forcée, en se laissant à propos manquer de charbon.

» Ne serait-il pas temps qu'après tant d'agitations, on permît enfin à la nation française de goûter le repos dont elle a besoin, et de se livrer en paix à l'exercice de son agriculture, de son commerce et de son industrie !

» Dans ces circonstances, nous requérons qu'il plaise à la Cour casser la partie de l'arrêt d'Aix, qui prononce la mise en liberté des accusés.

» En retranchant cette disposition sur laquelle il a été statué distinctement, il ne restera que l'arrêt de mise en accusation qui n'offre aucun vice, et qui est complet dans toutes ses parties.

« Quant à la demande en renvoi, pour cause de suspicion légitime, cette partie de la cause ne nous paraît pas être en état de recevoir actuellement sa décision. Outre les accusés qui sont parties sur le pourvoi, il y a encore un grand nombre d'autres personnes impliquées dans la même affaire; et nous concluons à ce que la requête en renvoi leur soit communiquée. »

La Cour, après cinq heures et demie de délibéré, a rendu aujourd'hui l'arrêt suivant :

Sur les fins de non recevoir contre le pourvoi;

Attendu que si la notification du pourvoi aux accusés détenus, par la lecture qui leur en a été donnée aux termes de l'art. 418 du Code d'instruction criminelle, n'était pas suffisamment établie par la mention qui y est faite dans l'expédition de l'acte de pourvoi, du procès-verbal qui la constate, il ne résulterait pas même du défaut de cette notification une fin de non recevoir contre le pourvoi, qu'il en résulterait seulement que l'arrêt de la Cour à intervenir serait susceptible d'opposition de la part des accusés, le délai de trois jours, fixé par l'art. 418

précité, ne l'étant pas à peine de nullité ; attendu, d'ailleurs, que par leur défense au fond les accusés auraient couvert cette omission quand même elle existerait ;

Attendu que la décision attaquée est définitive, puisqu'elle prononce l'annulation d'un acte, et qu'elle ordonne une mise en liberté ;

Attendu que l'art. 299 du Code d'instruction criminelle, et les trois cas qui y sont prévus, ne se rapportent qu'aux arrêts de renvoi devant la Cour d'assises ; que si à ces arrêts les chambres d'accusation joignent d'autres dispositions d'où pourrait résulter quelque violation des lois, ces dispositions, qui forment des décisions distinctes et séparées, sont soumises au recours des parties en vertu des règles générales du pourvoi ;

Rejette les fins de non recevoir, et statuant au fond ;

Attendu que le privilége établi par le droit des gens en faveur des navires amis ou neutres cesse dès que ces navires, au mépris de l'alliance ou de la neutralité du pavillon qu'ils portent, commettent des actes d'hostilité ; que dans ces cas ils deviennent ennemis, et doivent subir toutes les conséquences de l'état d'agression dans lequel ils se sont placés ;

Attendu que l'arrêt de la chambre d'accusation de la Cour royale d'Aix, qui prononce la mise en accusation des passagers et du directeur et subrécargue du navire sarde *le Carlo-Alberto*, déclare en point de fait qu'un complot avait été formé contre le gouvernement français entre des personnes dont les unes étaient en France, principalement à Marseille, et les autres en Italie ; que ce complot a reçu de la part de ceux qui y participaient en Italie, un commencement d'exécution, en ce que ayant nolisé à Livourne le bateau à vapeur *le Carlo-Alberto*, pour la prétendue destination de Barcelone, ils ont embarqué clandestinement dans la nuit suivante, près la plage de Via-Reggio, la duchesse de Berri, qu'ils avaient fait inscrire à Livourne sur les papiers de l'expédition, sous la fausse dénomination de femme de chambre de l'une de ses anciennes demoiselles d'atours, qui avait pris elle-même un faux nom ; que les autres personnes embarquées, au nombre de douze, soit à Livourne, soit sur la plage de Via-Reggio, avaient aussi caché leurs noms véritables sous des noms et des qualifications supposés ; après quoi ils avaient débarqué clandestinement, dans la nuit du 28 au 29 avril dernier, la duchesse de Berri, avec six personnes de sa suite, sur la côte occidentale de Marseille, à l'aide d'un bateau pêcheur qui guettait le passage du *Carlo-Alberto*, et que c'est à la suite et en conséquence de ces faits, que le complot a éclaté à Marseille le 30 avril au matin ;

Attendu qu'il résulte de ces faits ainsi posés par l'arrêt de mise en accusation, que le bateau à vapeur sarde *le Carlo-Alberto* est parti de Livourne pour une destination supposée, avec des passagers dont les noms étaient aussi supposés, et par conséquent avec de fausses pièces à bord ; que sa destination réelle était de servir d'instrument au complot qu'avaient formé ces passagers contre le gouvernement français ; qu'il avait été nolisé à cet effet et a servi à l'exécution de ce complot ; qu'on ne peut donc invoquer en faveur de ce navire et de ses passagers le privilége du droit des gens, qui, ainsi qu'il a été dit ci-dessus, n'est établi qu'en faveur des alliés et des neutres ; d'où il suit qu'en leur attribuant ce privilége la décision attaquée a faussement appliqué et par conséquent violé les principes du droit des gens ;

Attendu que la décision attaquée est en outre motivée sur ce que l'arrestation des passagers du *Carlo-Alberto* a été effectuée lorsque ce bateau allant de Roses dans la direction de Nice avait été forcé de relâcher à la Ciotat, par suite de l'état de délabrement et avaries graves constatées, survenues à sa chaudière, et pendant que l'on s'occupait à réparer les avaries et à traiter de l'achat d'une provision de charbon nécessaire à la continuation du voyage ; et que ces circonstances sont de la nature de celles qui, parmi les nations policées, le placent sous la sauve garde de la bonne foi, de l'humanité et de la générosité ;

Attendu que ces principes ne peuvent être appliqués quand il s'agit d'un navire qui avait été nolisé pour servir d'instrument à un complot, et qui venait en effet de servir à l'exécution de ce crime à la poursuite duquel était l'autorité française, et qui se trouvait encore en état d'hostilité, puisqu'il portait des passagers mis depuis lors en état d'accusation comme conspirateurs ;

Par ces motifs, la Cour casse et annulle la disposition par laquelle la chambre des mises en accusation de la Cour royale d'Aix a ordonné la mise en liberté des accusés Jules Kergorlay fils, Mathilde Lebeschu, veuve Ferrari, et de Zara, mis hors de prévention ;

A ordonné qu'ils seraient de suite mis en liberté et reconduits sur le territoire sarde, et que, quant aux auteurs desdites arrestations, ils seraient poursuivis ainsi qu'il appartiendrait ;

Le surplus de l'arrêt sortant son plein et entier effet ;

Et pour être fait droit sur la demande des sept individus ci-dessus dénommés en nullité de leur arrestation, renvoie la cause et les pièces du procès devant la chambre des mises en accusation de la Cour royale de Lyon ;

A ce déterminé par délibération spéciale prise en la chambre du conseil.

Ordonne qu'à la diligence du procureur-général le présent arrêt sera imprimé et transcrit sur les registres de la Cour d'Aix, chambre des mises en accusation ;

Et, avant de statuer sur la demande en renvoi devant une autre Cour d'assises que celle des Bouches-du-Rhône, pour cause de suspicion légitime et de sûreté publique;

Ordonne que ladite demande sera notifiée aux accusés pour fournir leurs observations dans le délai de quinze jours, à partir du jour de la notification, pour être ensuite statué par la Cour ce qu'il appartiendra.

On assure que l'arrêt a été rendu à la majorité de treize contre deux.

Imprim. de PIHAN DELAFOREST (Morinval), rue des Bons-Enfans, n°. 34.